REISE DURCH EUROPA 1779-1781

Deutschland, Holland, England, Belgien,
Frankreich, Luxemburg und Schweiz

AF280900

Das Buch

Dem Buch liegt das Unikat eines handgeschriebenen Reisetagebuches zugrunde, welches eine Bildungsreise des Herrn Otto Karl Friedrich Grafen von Schönburg (1758-1800) in der Zeit vom 24. September 1779 bis zum 30. Mai 1781 beschreibt. Die Reise begann am gräflichen Stammsitz in Wechselburg und führte durch Deutschland, Holland, England, Belgien, Frankreich, Luxemburg und die Schweiz zurück zum Schloss derer von Schönburg. Aufgezeichnet wurde diese Reise vom anonym gebliebenen Diener des Herrn Grafen, der ihn begleitete und dem Manuskript den Vorzug verlieh, aus der Sicht des "einfachen Mannes" dargestellt zu sein.

Der Herausgeber

Handschriften haben ihren Reiz nicht zuletzt in ihrer Einmaligkeit. Und doch ist es gerade auch ihre Authentizität, die dazu einlädt, den Leser an den Aufzeichnungen längst von uns gegangener Zeitzeugen teilhaben zu lassen. Dieses hat sich der Herausgeber (Bent M. Scharfenberg, geb. 1968 in Berlin, Dipl.-Kfm.) zur Leidenschaft und Aufgabe gemacht. Schwerpunkt seiner Arbeit sind Manuskripte alter Reisen sowie heimatgeschichtliche, medizinische und okkulte Texte.

Einen Verweis auf weitere Bücher
des Herausgebers finden Sie
am Ende des Buches.

Bent M. Scharfenberg (Hrsg.)

REISE DURCH EUROPA 1779-1781
Deutschland, Holland, England, Belgien, Frankreich, Luxemburg und Schweiz

Herausgegeben nach den
handschriftlichen Aufzeichnungen
eines Dieners des Herrn Otto Karl Friedrich
Grafen von Schulenburg

© Bent M. Scharfenberg (Hrsg.)
Umschlaggestaltung: Bent M. Scharfenberg
Satz und Layout: Bent M. Scharfenberg
Herstellung: Books on Demand GmbH, Norderstedt
Berlin 2003

ISBN 3-8330-0723-0

Inhaltsverzeichnis

Vorwort des Herausgebers

Handschriften haben ihren Reiz nicht zuletzt in ihrer Einmaligkeit. Und doch ist es gerade auch ihre Authentizität, die dazu einlädt, den Leser an den Aufzeichnungen längst von uns gegangener Zeitzeugen teilhaben zu lassen.

Dem Buch liegt das Unikat eines handgeschriebenen Reisetagebuches zugrunde, welches eine Bildungsreise des Herrn Otto Karl Friedrich Grafen von Schönburg (1758-1800) in der Zeit vom 24. September 1779 bis zum 30. Mai 1781 beschreibt. Die Reise begann am gräflichen Stammsitz in Wechselburg und führte durch Deutschland, Holland, England, Belgien, Frankreich, Luxemburg und die Schweiz zurück zum Schloss derer von Schönburg. Aufgezeichnet wurde diese Reise vom anonym gebliebenen Diener des Herrn Grafen, der ihn begleitete und dem Manuskript den Vorzug verlieh, aus der Sicht des "einfachen Mannes" dargestellt zu sein.

Die vorliegende Ausgabe folgt der seinerzeit gebräuchlichen Schreibweise. Nur in wenigen Ausnahmen wurden ggf. Änderungen der Zeichensetzung vorgenommen. Ein Inhaltsverzeichnis, *[Anmerkungen]* sowie ein Ortsregister wurden ergänzt.

An die Französische Revolution 1789 war zum Zeitpunkt der Reise des Herrn Grafen von Schönburg und seiner Begleitung noch nicht zu denken. Goethe hatte seine erste Italienreise (1786) noch vor sich und Napoleon Bonaparte seine Pubertät (geboren 1769). In Frankfurt am Main gab es ganze 3.000 Häuser, wohingegen in London bereits 1.000 Lohnkutschen und 400 Portechaisen *[Sänften]* unterwegs waren. Man fürchtete Kaperschiffe, hängte Brandstifter in London und räderte Verbrecher in Paris.

Das Privileg des Dieners, mit seinem Herrn auf Reisen zu gehen, bescherte ihm spannende Erlebnisse, Eindrücke und Abenteuer. In einer liebenswürdigen Weise lässt er uns daran teilhaben.

Diesem ehrbaren Manne gebührt mein Dank.

Bent M. Scharfenberg   *Berlin, 2003*

Etwas, das wie eine Vorrede aussieht:

Auf Reisen zu gehn ist so gefährlich als nützlich. Doch so viele Furcht unzählige Beyspiele deshalb erwecken können; so wenig darf man sich davon abschrecken lassen, wenn man tugendhaft ist. Von Reisen zu kommen, ohne Schulden, ohne Moden, mit unverschlimmerten Gemüthe, sind Sachen die wider alle Wahrscheinlichkeit laufen, und demohngeachtet ists möglich, aber nur denn möglich, nur denn macht es uns Ehren, wenn wir den Pflichten unsers Daseyns gemäß handeln, nämlich uns selbst vollkommner zu machen und unserm Nebenmenschen wahrhaftig nützlich zu werden.

Daß Wissenschaften und Känntnisse durch Reisen zu erlangen sind, ist eine Wahrheit, die niemals mit gesunder Vernunft geläugnet werden kan; ob aber nützliche Känntnisse und wahre Wissenschaften, das ist eine andere Frage - das ist eine Lotterie. Auch da noch, wenn der Spieler ein gutes Loos gezogen hat, muß die erlangte Summe mit Behutsamkeit und Mäßigung angewendet werden, um Nutzen davon zu ziehen.

Da aber sowohl in Ansehung des Erlangens als des Anwendens immer weniger Treffer als Nieten sind, so handelt ein vernünftiger Mensch, wofern ers haben kan, wohl eben so weise, wenn er ohne fremde Känntnisse, ohne fremde Wissenschaften, in einem Lande, wo es an beyden nicht völlig mangelt, zufrieden und ungereiset lebt, als wenn der neugierig Reisende manchen tiefen

Weg hat durchwaten müssen, um Thürmer, Pyramiden und Städte zu sehen, welches er in kurzer nachfolgenden Zeit glücklich wieder vergessen hat, und welches alles, wie Sancho Pansa zum Don Quichote sagt, sie hätten daheim sehen können.

Doch sobald wahre Begierde nach Wissenschaften, nach Känntniß von den Sitten und Gebräuchen so verschiedener Nationen unsers Erdballs, ja wenn sogar Pflicht und Gehorsam die Triebfeder unsrer Reise sind, ist es sowohl nützlich als nothwendig, zu reisen.

Nur nicht wie Mundungus that. Der machte mit unermeßlichen Reichthum die große Reise: Er gieng von Rom nach Neapolis, Venedig, Wien, Dresden und Berlin, ohne daß er von einer einzigen rühmlichen Verbindung oder angenehmen Anecdote zu erzählen hatte; er war aber schnurstracks fortgereist, ohne weder zur Rechten noch zur Linken zu sehen, damit nicht Liebe oder Mitleid ihn von seinem Wege locken möchte.

Diesen Vorwurf nun nicht auch zu verdienen, habe ich die Zeit, die mir von meinen Geschäften in dem Dienste meines Herrn übrig geblieben, angewendet, dasjenige, was mir auf einer zweyjährigen Reise merkwürdig geschienen, zu meinem eignen Vergnügen und beständigen Andenken aufzuzeichnen, um nicht zu vergessen, daß ich gereiset bin.

Das Tagebuch meiner Reise

Am 24sten September 1779 traten des Herrn Grafen v. Schönburg Excell., in Dero Dienste ich zum Begleiter aufgenommen zu seyn das Glück hatte, Ihre Reise an. Wir giengen gedachten Tages über Weißenfels bis Naumburg, woselbst wir übernachteten. Den Tag darauf, als den 25sten, ward die Reise über Auerstädt, Buttelfeld *[Buttelstedt]* und Erfurt fortgesetzt, bis wir Abends um 9 Uhr in Gotha ankamen, im Gasthofe zum Mohren abstiegen, und den 26. und 27. daselbst blieben, um die Stadt in Augenschein zu nehmen.

Gotha ist nur eine mittelmäßige Stadt; verschiedene schöne Gebäude aber machen sie ansehnlich. An dem auf einem Berge stehenden Herzogl. Schloße vermuthet man von außen die Schönheit und Ordnung nicht, die es nach glaubwürdiger Aussage innwendig wirklich haben soll. Sehenswerth ist auch der dabey befindliche Englische Garten, der seinen Nahmen daher führt, weil er von einem Engländer auf englische Facon angeleget worden. Nicht weit vom Thore ist eine Kirche, bey der eine besondere Wasserkunst zu sehen ist. Des Herzogs Durchl. waren abwesend, doch speiseten der Herr Graf den 27. Abends bey des Prinzen Carl Durchl., während als ich die Coffres einpackte.

Den Tag darauf, als den 28., giengen wir weiter, über Esenau *[Eisenach]*, Birka *[Berka]* an der Werra (ist Eisenachisch), Fach *[Vacha]* (ist Hessisch), Hünefeld *[Hünfeld]*, Fulda, Neuhof (ist Fuldisch), Schlichte *[Schlüchtern]*, Saalmünster *[Salmünster]* (ist

Hanauisch), Gehlhausen *[Gelnhausen]* (eine Kaiserl. freye Reichsstadt), Hanau, bis wir Tag und Nacht fahrend, den 29. Abends um 9 Uhr Frankfurt erreichten, in der Opersee, das rothe Haus genannt, abstiegen, und bis 8. Oct. daselbst blieben.

Frankfurt am Mayn ist eine schöne große und feste freye Reichsstadt, hat jährlich zwey berühmte Messen, und genießt die hohe Würde, daß, wie man mir versichert, die Kaiser und Römischen Könige daselbst müssen erwählet werden. Die Straßen sind ziemlich breit, die Häuser aber, deren an 3 000 seyn sollen, sind größtentheils altväterisch und bemahlet. Die Religion ist verschieden, doch soll der größte Haufen Evangelisch lutherisch seyn. In der Gegend um Frankfurt findet man viel schöner Meyerhöfe, Lustgebäude, Auen und Gärten, und besonders wächst daselbst viel Wein, der auch daher sehr wohlfeil ist.

Den 8ten Oct. reiseten wir in Begleitung eines neuen Reisegefährten, des Herrn D. Körners aus Leipzig, von hier über Höcks *[Höchst?]*, Heydershayn *[Hattersheim?]* und Hochhayn *[Hochheim]*, wo der beste Wein erbauet wird. Und da diese Gegend just die Weinlese hatte, war es vorzüglich angenehm durchzupassiren. Des Mittags erreichten wir Maynz *[Mainz]*, und blieben folgende Nacht daselbst.

Maynz ist eine ziemlich große Stadt am Ufer des Rheyns, wo der Mayn hinein fließet. Ihre Lage ist vorzüglich schön, hat aber größtentheils enge Straßen und altmodische Bürgerhäuser, doch ist die über den Rheyn befindliche Schiffbrücke sehenswerth.

In Maynz mietheten der Herr Graf bis Cölln *[Köln]* ein Schiff, welches man hier ein Scheit nannte. In diesem ward unsere Kutsche, da eine hohe Mauer am Rande des Ufers war, an 2 Ketten durch den Craan hinunter gelassen.

Den 9. Oct. fuhren wir auf dem Rheynstrom von Maynz ab. Die auf beyden Seiten des Rheyns befindlichen Weinberge und Steinklippen gaben dem Auge abwechselnd immer neue Bewunderung, bis wir Abends um 9 Uhr in Coblenz *[Koblenz]* ankamen. Hier blieben wir des Nachts, mit Tages Anbruch aber fuhren wir auf dem Scheit weiter, und bis Bonn, wo wir Abends um 10 Uhr eintrafen, übernachteten, und den folgenden Tag unsere Reise fortsetzend, vormittags um 11 Uhr Cölln erreichten.

Cölln am Rheyn, eine große freye Reichsstadt, wird vor eine der aeltesten Städte in Deutschland gehalten, ist mehr in die Länge als Breite gebauet, antique befestiget und schlecht bewohnt. Man will versichern, daß sie wegen der schönen Lage, Menge der Geistlichen und der vielen prächtigen Kirchen und Klöster, das deutsche Rom genannt werde. Es sollen 24 Thore und 34 Pforten, Kirchen und Capellen aber so viel als Tage im Jahre daselbst seyn.

Den 11ten Oct. Nachmittags um 4 Uhr giengen wir über die über den Rheyn daselbst befindliche Brücke, und von Cölln ab, erreichten Abends nach 11 Uhr

Düsseldorf, nahmen im Gasthof, der Englische Hof genannt, Logis, und blieben den folgenden Tag daselbst, uns umzusehen.

Düsseldorf, eine Churpfälzische Hauptstadt, am Bach Düssel und dem Rheyn, 5 Meilen von Cölln, soll ohngefähr 1000 Häuser enthalten. Vor den Thoren verschönern sie Gärten und hübsche Gartenhäuser, unter welchen sich besonders das Jägerhaus auszeichnet. Vor die in der Stadt befindliche Catolische Kirche steht ein Marienbild nebst andern dergleichen heiligen Leuten, in Stein gehauen, welchen des Nachts ein Licht angebrennet wird, damit sie diejenigen sehen können, die sich vor diesen Bildern Vergebung ihrer Sünden, welche sie des Tags über begangen, kniend erbitten. Alle Vorübergehende müssen den Hut abnehmen.

Den 13ten fuhren wir mit Extrapost aus Düsseldorf unter Begleitung des Herrn Barons v. Busch, eines Holländischen Officiers, der den Herrn Grafen von Dresden aus gut kannte, bis Kerbels, einer Preußischen Stadt, in der wir nach gehaltener Mittagsmahlzeit die Seiden-Fabriquen besahen, und nachgehends mit Extrapost in Gelle, auch eine Preußische Stadt, Abends gegen 9 Uhr ankamen, wo wir übernachteten.

Mit Tages Anbruch ward die Reise fortgesetzt, und wir passirten selbigen Tag Pach *[Goch?]*, Cleve *[Kleve]* und Crannenburg *[Kranenburg]*, der letzten Preußischen Stadt. Nachmittags um 4 Uhr erreichten wir Nimwegen *[Nijmegen]*, die erste Holländische Stadt, und mußten, da keine Pferde zu bekommen waren, die Nacht

14

daselbst bleiben.

Nimwegen, eine alte weitläuftige Stadt in Geldern an der Wahl [Waal], 3 Meilen von Cleve, ist theils in der Ebne theils auf Hügeln erbauet. Mehr habe ich aus Mangel der Zeit nicht bemerken können.

Den 15ten, früh um 7 Uhr wurden wir vermittelst der fliegenden Brücke, mit Kutsche und Pferden über die Wahl gesetzt, und verfolgten unsere Reise dieses Tags in den angenehmsten Gegenden, meistentheils durch Alleen. Abends 9 Uhr erreichten wir Eydrick, blieben des Nachts daselbst, und nachdem wir den 16ten früh um 6 Uhr wieder ausgefahren, kamen wir Nachmittags um 4 Uhr nach Haag *[Den Haag]*. Unser Logis war in dem Gasthof, das Parlement zu Engelland, bis den 19ten Octobris.

Haag, ein weltberühmter prächtiger Ort in Holland, der zwar nur das größte Dorf in der Welt genennet wird, seines beträchtlichen Umfanges und der vielen Straßen und Palläste wegen aber den Rang der mächtigsten Städte verdienet, ist mit Wassergräben umgeben, worüber Zugbrücken gehen, und hat an die 100 Gassen, über 5000 prächtig erbaute Häuser, schöne Promenaden und dergleichen. Den 18ten wurden der Herr Graf dem Prinzen von Oranien praesentiret. Dessen Leib-Garde ist vorzüglich schön.

Den 19ten früh um 7 Uhr fuhren wir in Gesellschaft des Herrn Barons v. Patmonizky, der auch auf Reisen war, und der des Herrn Grafens Reise-Compagnon D.

Körnern von Goettingen her gut kannte, von hier aus, und erreichten Nachmittags 2 Uhr Amsterdam, woselbst wir in den Gasthof: das Wapen von Amsterdam abstiegen, und bis zum 23sten verblieben.

Amsterdam, die größte, weltberühmte, reiche und ihres gleichen in Europa wohl schwerlich zu findende, Holländische Haupt- und Handelsstadt, ist am Zusammenfluß der Amstel und Ise, in dem morastigsten Boden auf eingerammelten Pfählen erbauet. Schiffbare Canäle durchschneiden die Straßen. In den mehrsten Häusern sind die Fenster von Kronglas, die außerordentlich helle und rein gehalten werden, und mit schön bemahlten Fensterläden versehen sind, wie man denn auch sonst in den Häusern allenthalben ganz besondere Reinlichkeit und gute Ordnung bewundern muß. An die 27000 Häuser will man daselbst zählen, und die Zahl derer Einwohner soll sich auf 300000 erstrecken. Die schönen Gemählde auf dem Rathhause, und die Glockenspiele auf den Thürmen verdienen alle Bewunderung. Nur haben sich Fremde oder Reisende vor gewisse Gassen und Häuser sehr in acht zu nehmen, um nicht den Seelenverkäufern ins Garn zu laufen, deren eine ziemliche Menge daselbst sind, die manchen praven Menschen wider seinen Willen zum Schiffsmatrosen prägen.

Den 23sten früh um 7 Uhr retournirten wir auf der Postkutsche wieder nach Haag, speisten Mittags daselbst, und setzten um 4 Uhr auf einer Miethkutsche unsre Reise ferner fort bis Rotterdam, weil man uns benachrichtigte, daß des andern Morgens ein Paquetboot nach

Helfhuthschleiß *[Hellevoetsluis]* abgienge. Als uns aber unser Gastwirth in Rotterdam, zum Schweinshof, versicherte, das Paquetboot würde unter 3 Tagen noch nicht abgehen, kehrten der Herr Graf, den 24sten mit einer Jagd auf dem Canal wieder zurück nach Haag, blieben bis den 27sten daselbst, und kamen gedachten Tages zum zweitenmale nach Rotterdam.

Rotterdam, eine reiche Holländische Handelsstadt, machen eine beträchtliche Anzahl schöner Gebäude ansehnlich. Der Haven daselbst ist sehr bequem und vermittelst sieben tiefer Canäle können die größten Schiffe bis mitten in die Stadt kommen.

Noch den 27sten Abends um 7 Uhr giengen wir mit dem Paquetboote nach Helfhuthschleiß mit günstigem Winde ab. Zwey Barons aus Ungarn, wovon sich der eine Scarizka und der andere Bodmanizky nennte, ein ihnen angehöriger Bedienter, und 2 Kaufmannsdiener aus Engelland waren unsere Gesellschafter. In dem Paquetboot war eine Stube und Kammer, mit 4 gemachten Betten, auch noch ein klein Kämmerchen und Küche. Wir schliefen die Nacht ganz wohl auf diesem nassen Elemente, bis der Capitaine früh um 6 Uhr kam, und anmeldete, daß wir Helfhuthschleiß erreicht hätten. Hierauf ließen sich die Herren ankleiden und giengen aus dem Paquetboote, im Gasthof zu frühstücken; die Equipage aber wurde gleich auf ein Englisches Paquetboot geschafft, das wie es schien noch selbigen Tag abgehen solte, wegen des entstehenden contrairen Windes aber mußten wir vom 28sten Oct. bis 9ten Nov. in Helfhuthschleiß bleiben.

Helfhuthschleiß ist ein kleines Städtchen, in die Länge mit zwey Reihen Häuser gebauet, zwischen denen in der Mitte ein Canal von der See durchgehet. Ihre Einwohner nähren sich mehrentheils von dem Gelde der Matrosen, die vieles daselbst verzehren. Ohngefähr 10 Tage hatten wir hier zugebracht, so änderte sich der Wind, allein zu gleicher Zeit brachte auch der Capitaine eines Englischen ankommenden Schiffs die tröstliche Nachricht für uns mit, daß 2 französische Capers auf der See kreutzten, mithin mußten wir uns auf noch längere Geduld gefaßt machen. Denn da Französische Capers nur kürzlich ein Paquetboot auf der See weg genommen hatten, so fürchteten unsere Schiffsfahrer ein gleiches.

Des Wartens satt, resolvirten die Herren insgesammt ein Holländisches Fischerboot zu miethen, mit dem wir auch endlich den 9ten Nov. aus diesen langsilbigen Ort abgiengen. Eine halbe Stunde etwa nach unsrer Abfahrt, begegneten uns etliche Holländische Kriegsschiffe, auf deren eins ich im Vorbeyfahren 28 Kanonen zählte, und nach Aussage unsers Schiffers sollen 400 Menschen, nämlich 200 Matrosen und 200 Soldaten auf demselben befindlich seyn.

Diese Nacht schliefen wir vor Ancker bis am Morgen des folgenden Tages. Früh um 7 Uhr lichteten unsre Schiffer die Ancker, und ruderten weiter fort. Nach 2 Stunden ohngefähr, waren wir auf dem so fürchterlichen Elemente, der offenbaren See. Mit Grausen sahen wir schon in der Ferne die uns schwimmend entgegen kommende Tabac- und Zuckerfässer, uns den wahrscheinlich vor kurzem erfolgten Untergang eines Schiffs ankündigen. Zwey dieser Fässer, mit Tabac angefüllt, wurden unsern 12 Schiffern, die sie heraus zogen, zur freudenvollen Beute.

Noch diesen Tag wurden sowohl die Herren, als ich und des Barons Bedienter so krank, daß wir 3 Tage und 2 Nächte vor beständig das Bette hüten mußten. Während dieser Zeit war ein solcher Sturm auf der See, der alle Augenblicke unserm Schiffe den Untergang drohete. Der beherzteste Matrose zitterte. Was ich, als wir solchergestalt zwischen Furcht und Hoffnung schwebten, vor Todesangst ausgestanden, läßt sich besser dencken als beschreiben.

Den 12ten Nov. Abends 8 Uhr erreichten wir Land, und blieben diese Nacht, nebst unsrer Equipage in Doberts *[Dover]*, einen Englischen Städtchen. Von diesem Orte sind es zu Lande noch 70 Englische Meilen bis London, welche wir, nachdem die Reise den 13ten in sehr angenehmen Gegenden fortgesetzt wurde, am 14ten Nov. erreichten, in einer Opersee abstiegen, und bis den andern Tag in diesem Logis blieben.

Abends nach unsrer Ankunft in London war ein Englischer Officier auch in unsern Gasthause, der mich und des Barons Bedienten vor Franzosen hielt, daher wir uns wohl fürsehen mußten, nicht in Händel und Verdruß zu gerathen. Sobald es thunlich, mietheten der Herr Graf ein Logis in einem Privathause, wo unsre Sachen denn sogleich hingeschafft wurden. Nunmehro fieng ich an, das Merckwürdigste in London während meines Aufenthalts daselbst zu besehen, und nach genauer Erkundigung aufzuzeichnen.

Die erste Merckwürdigkeit in London war, ich sahe den König ins Parlement fahren. Er saß in einer mit 8 Pferden in prächtig goldenen Gezeug bespannten Kutsche, deren Decke eine Krone formirte. In zwey vorher kommenden Kutschen waren die Ministers. Etliche 50 Mann Soldaten in rother und reich mit Gold besetzter Uniform und Grenadier-Mützen tragend, ritten die Hälfte vor, und die andere nach den Königlichen Wagen her, und machten des in ihrer Mitte fahrenden Königs Bedeckung aus. An die tausend Zuschauer erfüllten die Luft mit lautem Geschrey: Es lebe der König! Vivat! Vivat!

Da diese Nation bekanntermaßen erstaunend hochmüthig ist, und sich über alle andere Völcker erhaben zu seyn denckt, so verdrüßt ihnen schon, wenn ein Fremder nur auf den Straßen gehet und sich umsehen will, daß man dahero sehr behutsam seyn muß, nicht in Streit und Händel mit ihnen zu gerathen. Denn ob man sich gleich ihrer Kleidungstracht bedienet, halten sie dem ohngeachtet den Fremden mehrentheils vor einen Franzosen. Es muß also keinen Ausländer befremden, wenn nicht selten geringer Pöbel hinter ihm hergehet und schimpft: Franzsche Männ! oder: Good them jaur Franzsch Männ!, sondern er thut am besten, wenn er stillschweigend fortgehet als ob es ihn nichts angienge, widrigenfalls er bey seiner Vertheidigung gewärtig seyn kan, wohl gar das Leben zu verlieren.

Die Stadt ist in Ansehung der Menge ihrer Häuser und Bewohner ohnstreitig die größte und volckreichste Stadt in Europa. Ihr ganzer Umfang soll aus 17 bis 18 Englische Meilen betragen. Die Anzahl der Häuser wird von einigen auf 96- bis 97000, von anderen aber noch höher geschätzt. Die Anzahl der großen und kleinen Straßen soll an 7000 seyn. Bey welchen man diese besondere und seltene Vorzüge findet, daß beide Seiten der Straßen mit Gängen von glatten breiten Steinen versehen sind, auf welchen man bey nasser Witterung neben den morastigsten Wege Sommer und Winter trocken gehen kan. Lohnkutschen zählt man 1000, und 400 Portechaisen.

Unter den 102 daseyn sollenden Kirchen, ohne die Capellen, habe ich die Westmünsterkirche besehen, in welcher die verstorbenen Könige, Königinnen, Lords und andre vornehme Personen, in Wachs nach dem Leben poussirt zu sehen sind. Dies zu besehen, kostete mir 2 Englische Schillinge.

Die Frohnfeste ist ein Gebäude, das dem besten Edelhof in Deutschland den Vorzug streitig macht, so wie die mit 3 Thürmen gezierte St. Paulus-Kirche wohl kaum ihres gleichen mehr hat.

Einen gewissen Platz habe ich bemerckt, den man die Thauer *[Tower]* nannte, von dem die Matrosen auf dem fließenden Wasser Themse in die See schiffen, bisweilen auch daselbst anlanden, um Lebensmittel aus London zu holen. Verschiedene Thiere, als Löwen, Bärn, Tyger, Affen, Meerkatzen und dergleichen lies man hier, in Behältnissen eingesperrt, vor Geld sehen.

Ferner besahe ich die Bank, wo Geld eingeleget und ausgenommen wird. Ingleichen die Börse, auf der nachmittags um 3 Uhr 6- bis 700 Kaufleute zusammen kommen, die sich in allen nur gebräuchlichen Sprachen unterreden.

Das Hospital, wo alle Invaliden hinein kommen, zu besehen, kam ich just, als die Gesellschaft sich zu Tische setzen wolte. In diesem ziemlich großen Zimmer waren die darinnen befindlichen Tische gedeckt, und vor eines jeden Ort stand ein zinnerner Teller, nebst einen blechernen Krug mit Bier. Das Gebäude an und vor ihm selbst, giebt, besonders in Ansehung der schönen Wiesen, Spatziergänge, Alleen und dergleichen, die es umgeben, dem vorzüglichsten Schloße in Deutschland nichts nach.

Am 3ten Osterfeyertag, als den 28sten Märtz, machten wir eine Spatzierfahrt aufs Land, ein Pferderennen mit anzusehen. Der Ort, wo wir Logis nahmen, hies Cambridge, das Pferderennen aber war zu Neumarkt *[Newmarket]*, wo wir des Morgens hin, und Abends wieder nach Cambridge retour fuhren, und 4 Tage in dieser Universitätsstadt verblieben. Bey unserer Rückreise besahen wir noch ein schön gelegenes Landhaus, das einem Herrn aus London gehörte.

Nach 5monathlichen Aufenthalt in London machten wir nebst unsern Reisegefährten, am 24sten April eine ordentliche Reise ins Königreich England. Unser erstes

Nachtquartier war in Betwar *[Petworth?]*, einem kleinen Städtchen, wo wir des andern Tages Lord v. Eckermanns Landhaus besahen. Der dabey befindliche Garten (welches ein Parc genennet wurde) war mit einer Mauer umgeben, worinnen an die 1400 Damhirsche sich befanden. In diesen großen, mit schönen Zimmern versehenen Hause speisten die Herren, nach Tische aber fuhren wir durch vorgedachten Parc, und mit Berg und Hügel abwechselnd folgenden prächtigen Gegenden bis zu einem kleinen Ort, wo wir Pferde wechselten, und sogleich wieder abgiengen.

Wegen des anhaltenden Regenwetters mußten wir die Nacht in Chichester bleiben, welchen Ort wir Abends um 9 Uhr erreichten. Chichester hat 4 gerade regulirte Straßen und scheint gut bewohnt zu seyn. Das ist alles, was ich habe anmercken können, außer, daß ich bey der Abreise noch meinen Oberrock vermißte, der in der Chaise von Betwar liegen geblieben war.

Des Morgens um 8 Uhr verließen wir die Stadt, und erreichten die nächste Station, wo die Landwirthschaft um ein merkliches besser schien, und man mit 4 Englischen Pferden pflügete. Wir kamen alsdann nach Portsmuth *[Portsmouth]*, einer besonders festen Seestadt, die in der Ebne lieget, starck verschanzet und mit einer ziemlichen Anzahl Kanonen versehen ist. Hier blieben wir 3 Tage, den 4ten aber, nachmittags 3 Uhr, wurden wir in 2 Booten an den Bord des Formitablis gebracht. Dieses ist ein großes Kriegsschiff von 98 Kanonen. Die auf demselben befindlichen 150 Soldaten und 550 Matrosen wurden von 1 Capitaine und 2 Lieutenants commandiret. Die Herren speisten bey dem Capitaine, auch wir wurden sehr gut aufgenommen, und mit rothen und weißen Wein bewirthet. Nach Tische wurden wir im Schiffe herumgeführet, es zu besehen, und nachgehends wieder mit 2 Booten bis an die Insel Wight gebracht. Bey gutem Winde erreichten wir in einer Stunde Land, kamen Abends um 7 Uhr nach Riede *[Ryde]*, ein kleines Dörfchen, und schliefen des Nachts daselbst.

Am andern Morgen fuhren wir in sehr angenehmen und fruchtbaren Gegenden weiter, und hatten um 10 Uhr vormittags Newport erreicht. Hier mußte ich und des Barons Bedienter, indem keine Stube in unserm Gasthof mehr vor uns übrig war, des Nachts in einem Privathause schlafen.

Folgenden Morgens um 8 Uhr verfolgten wir unsere Reise, nachdem wir eine Viertelstunde vor der Stadt ein altes Schloß auf einem sehr hohen Berge besehen hatten, an welchem die Aussicht das beste war. Es hatte 2 tiefe Brunnen, in welchen ein hineingeworfener Kupferpfennig just 5 Secunden Zeit zum Fallen erforderte, das Wasser zu erreichen; auch war eine alte Kirche im Schlosse, in der aber nichts zu sehen war.

Darauf kamen wir in schöner Gegend zu einem Landhause, dem Herrn v. Endt gehörig, an und bey welchem Kunst und Natur wetteiferten. Tausenderley Veränderungen verschaffte das angenehm abwechselnde Grün den Augen. Kein Mensch war zu Hause, sondern vermuthlich, weil es Sonntag hies, alle in der Kirche.

24

Wir nahmen alsdann unsern Weg weiter, und passirten viele Berge. In einem am Ufer des Meers liegenden Wirthshause wurde gefrühstückt und nach 2 Stunden wieder fortgereiset.

Der Herr Graf, der Baron v. Podmannitzky und D. Körner nahmen einen andern Weg, um die Gegend Nidel *[Needle]* zu besehen; der Baron v. Staritzky aber, dessen Kammerdiener und meine Wenigkeit, fuhren in ausnehmend schönen Gegenden nach den an der See liegenden Flecken Jarmänn *[Yarmouth?]*, wo wir unsre Reisegefährten erwarteten.

Nach deren Ankunft wurde unsre Equipage auf ein kleines, jedoch mit 3 Seegeln versehenes Schiffchen gebracht, und vermittelst guten Windes waren wir nach 3 Viertelstunden in dem Städtchen Lymington. Der Gasthof, wo wir logiren wolten, und unsre Reisegeräthe hinbringen ließen, war von Fremden so besetzt, daß wir in einen durch den Wirth ausgemachten Privathause schlafen mußten.

Den folgenden Morgen, als den 1sten Maii um 9 Uhr, reisten wir von hier ab, und besahen unterwegs den unvergleichlich angelegten Garten des Mister Wurrans in Brockenhorst *[Brockenhurst]*, bey welchem das nicht weniger schön erbaute Haus die darinnen roth und weis tapezierten Zimmer, und in denen ein prächtiges Orgelwerck nebst kostbaren Marmortischen, alle Bewunderung verdienten. Von hier fuhren wir durch den Parc, in einen darauf folgenden Dorfe wurden Chaisen und Pferde gewechselt, und kamen in sehr angenehmen Ge-

genden nach Lindhorst *[Lyndhurst]*, einen kleinen Städtchen, wo wir 2 Tage blieben.

Den 3ten May gieng die Reise weiter, in einer Aussicht von puren Eichenwald bis Winchester. Wir besahen daselbst ein altes, dem König zu England gehöriges
Schloß, in welchem an 2000 Mann, von den Englän-
dern gefangen genommene Spanische Trouppen, ver-
wahrt wurden. Auch war eine ganz hübsch gebaute, und
innwendig besondere Merckwürdigkeiten habende, Kirche zu sehen.

Von hier abgehend erreichten wir Abends um 7 Uhr
Salysbury *[Salisbury]*, eine ziemlich ansehnliche Stadt,
zum Theil mit hübschen Häusern versehen. Mitten in
der Stadt auf einen großen ebenen Platze, stehet das
Rathhaus, wo die garnisonirende Dragoner ihre Haupt-
wache haben. Demselben gegenüber stehen 2 runde steinerne Seulen, oben durch einen eisernen Bogen mit
einander verbunden, auf welchem 3 starck verguldete
Löwen stehen, die gleichsam das Stadtwapen ausma-
chen. Es fließet allenthalben klares Wasser in einen aus-
gemauerten Graben durch die Stadt. Sie ist sehr
volckreich, und die hier viel und schön befindliche Frauenspersonen sind nach Londner Fuß und Gebrauch zu-
geschnitten. An der ungemein schönen und mit einen
hohen Thurm versehenen Hauptkirche bemerckt und
vermuthet man der in Catholischen Kirchen gewöhnli-
chen Kreutzgänge wegen, mit vieler Wahrscheinlichkeit,
daß sie ehedem zum Catholischen Gottesdienste gewid-
met gewesen. Die Tochter des Kirchners, ein bildschö-
nes Mädchen, führte uns darinnen herum, zeigte uns al-

les, und verschönerte mit vernünftiger Explication die darinnen befindlichen Schönheiten. Unsere Wirthin war eine junge sehr wohlgebildete Wittbe, der zu ihren Vollkommenheiten nichts fehlte, als ein gefällig brauchbarer Mann. Während unsers Aufenthalts machten die Herren mit einer Post-Chaise und der Herr Graf zu Pferde eine Spatzierreise von 16 Meilen, um die Gegend und Landhäuser zu besehen.

Am 3ten Tage nachmittags 4 Uhr giengen wir von Salisbury ab, durch eine mit kleinen Bergen abwechselnde Ebene, bis auf einen gewissen Lords Landhaus, welches an Schönheiten alle Landhäuser, die ich gesehen hatte, weit übertraf. Die prächtigsten Mahlereyen und vielen kostbar ausgelegten Marmortische waren königlich anzusehen. In einem großen Saale stunden verschiedene weiße Alabasterfiguren, unter denen besonders zwey am Camin stehend, 40 Pfund Sterling gekostet hatten. Uiber gedachtem Camin war der Eigenthümer des Hauses im Portrait zu sehen. Am Eingange des Hauses sahe man eine schöne Orgel, auf welche der Herr Baron v. Podmanitzky spielte. Der Gärtner führte uns alsdann in den zum Hause gehörigen Garten. Gleich als von ohngefähr entdeckten wir eine Eremitage, in der ein alter, in Stein gehauener Einsiedlergreis sehr natürlich da stund. Ohnweit davon war ein Felsen sehr passend angebracht, bey dessen genauester Untersuchung man doch immer ungewiß blieb, ob es Natur oder Kunst sey. Inwendig sahe es, als wir hindurch giengen, finster und fürchterlich aus. Ein hell grün fließendes Wasser lief von diesem Felsen hinab ins Thal. Uiber dem Wasserbach war eine steinerne Brücke, und neben dieser ein niedliches Fischer Häuschen gebauet. Eine Menge auf diesem Wasser schwimmende Schwanen, machten endlich die angenehmste Augenweide.

Nach einen anderthalbstündigen Aufenthalt, fuhren wir Abends um 6 Uhr von hier ab, und kamen durch fruchtbare Felder an ein kleines Dorf, wo wir Chaisen und Pferde wechselten. Die Dunkelheit der einfallenden Nacht verstattete mir nunmehro weiter nichts zu bemerken, als daß wir durch einen langen Ort, den ich vor ein Dorf hielt, fuhren, von da einen tiefen hohlen Weg passirten, und endlich bey einer Kirche nebst noch drey andern Häusern ein Wirthshaus erreichten, wo wir des Nachts blieben. Eine gute Anzahl hier befindlicher Fuhrleute verursachte uns anfänglich einige Furcht, indem sie alle wie die besten Spitzbuben aussahen, und obendrein besoffen waren. Doch da sie um 11 Uhr mit einander fortgiengen, schliefen wir ganz ruhig. Des Morgens besahen die Herren den dabey angelegten Garten, der mir aber und Lorenzen, des Herrn Barons Bedienter, nach langen Umhergehen, der vielen Hügel wegen, gar nicht gefallen wolte.

Um 12 Uhr gieng die Reise weiter, über viele Berge, mit abwechselnden Saatfeldern, und nachdem wir in einer Stadt frische Pferde bekommen, erreichten wir nach verschiedenen bergigten, und nur selten ebenen Gegenden, Exeter, eine hübsche Stadt, die nichts besonderes als Tuch-Fabriquen aufzuweisen hat.

Nach dreytägigen Hiersein fuhren wir am 4ten Morgen wieder ab, und passirten eitel Berge bis an das Seestädtchen Torkey *[Torquay]*. Die Herren besahen die hier auf der See vor Ancker liegende Englische Flotte. In dem Gasthause umgaben uns eine Menge Matrosen, bey denen sich unsre Herren nach einen gewissen Schiffs-Capitaine, an den sie einen Brief abzugeben hatten, erkundigten, wo er ohnmaßgeblich anzutreffen sey, aber nichts gewisses von diesen Leuten erfahren konnten. Ihre mißtrauische Miene schien deutlich zu versichern, daß sie uns vor französische Kundschafter hielten. Endlich hatten unsre Herren doch den Capitaine ausgeforscht, der sie denn mit einen Boot bis an die Flotte bringen ließ; ich und Lorenz, des Barons Bedienter, aber, mußten im Wirthshause auf ihre Retour warten. Kaum waren wir allein, so wurden wir von 4 See-Officiers aufs genaueste examinirt. Hier hatte ich alle Kräfte anzuwenden, mich und Lorenzen, der fast kein Wort Englisch noch sprechen konnte, zu vertheidigen, that es auch, ohngeachtet meiner wenig gelernten Englischen Sprache dergestalt, daß die Officiers nach viel gemachten Fragen sich endlich überzeugt fanden, uns vor gebohren Deutsche, und nicht vor französische Spions zu halten, worauf sie uns denn auch, unter sehr höflichen Abschied verließen. Doch dieses war nur der Eingang zu der Tragi-Comedie, welche die Matrosen mit uns spielen wolten. Eine Menge dieser rohen und noch darzu besoffenen Seeleute, fiengen an, auf Englisch uns zu beschimpfen, damit sie, wenn wir uns vertheidigten, Ursache fänden, uns derb auszuprügeln, und bey der Gegenwehr uns vielleicht gar todt zu schlagen. Dieser Actus würde auch gewiß nicht unblutig abgelaufen seyn, wenn 4 Frauenspersonen nicht unsre Schutzengel gewesen wären, welche die in unsrer Stube hineindringen wollende Unmenschen so lange abgehalten hätten, bis der Wirth, der unsre Herren begleitet hatte, wieder zurück kam, und uns Ruhe verschaffte. Nach unsrer Herren Wiederkunft fuhren wir um 9 Uhr Abends, der Dunkelheit ohngeachtet, noch bis in ein kleines Städtchen, wo wir blieben, und ebenfalls vor Franzosen gehalten wurden.

Des Morgens reiseten wir wieder ab, passirten durch etliche Flecken, und kamen Nachmittags 3 Uhr nach Blümont *[Plymouth?]*, einer ziemlich großen, mit vielen Matrosen angefüllten Seestadt, in der ein Fremder alle Vorsicht anzuwenden hat, um nicht in die Hände der ungesitteten Seefahrer zu fallen.

In zween Tagen gieng die Reise weiter, und bis Tawistock *[Tavistock]*, wo des Herrn Grafen übrige Reisegefährten in die Bergstädte giengen, wir aber Retour nach Exister *[Exeter?]* machten, welches wir Abends 12 Uhr erreichten.

Des andern Morgens um 7 Uhr ausfahrend, passirten wir in angenehmer Gegend viele Flecken, bis wir Abends 10 Uhr in Brüstol ankamen. Hier erwarteten wir unsre Reisegefährten, welche sich auch den 25. May wieder bey uns einfanden.

Den 27sten gieng die Reise gemeinschaftlich bis Paats, einer Stadt, die sich noch in der Ferne, besonders wegen der ziemlichen Anzahl auf einem Berge im halben Mond gebauten Häuser, sehr schön praesentiret. Ein vorzügliches Bad reitzt die mehrsten Herrschaften aus London, ihre Sommertage hier zuzubringen. Wir logirten im weißen Hirsch.

Den 30sten giengen wir wieder zurück nach Brüstol *[Bristol]*, von da wir des andern Morgens wieder ausfuhren, ohnweit der Stadt über einen ziemlich hohen Berg und in ein am Hügel bey dem Flusse Severn liegend einzelnes Wirthhaus kamen, und eine Stunde daselbst blieben.

Hier ward unsre Equipage auf ein Boot gebracht, in dieses zu kommen, mußten wir, da es just Ebbe war, zu Fuße neben dem den Fluß beufernden Felsen vorbey, wohl 200 Schritte lang durch tiefen Schlamm waten, und am Ende desselben, uns einer nach den andern noch ein Stück Weges durchs Wasser, von einem Matrosen ins Schiff tragen lassen. Das Boot war nur mit einen Seegel versehen, doch gieng es bey günstigen Winde so geschwind, daß wir nach einer Viertelstunde schon an der andern Seite des Ufers, in einen ebenmäßig einzeln gelegenen Wirthshause einkehren und speisen konnten.

Uiber diesen Fluß wurde erstaunend viel Rindvieh transportiret. Die Straße neben dem Fluß Severn, auf der wir von hier abciseten, war zu beiden Seiten mit niedrigen Bäumchen bewachsen, daß man kaum heraus sehen konnte, bis wir das kleine Städtchen Chepton *[Chepstow?]* erreichten, wo man uns wieder vor Franzosen hielt.

Nach einer Stunde fuhren wir von hier ab, in sehr fruchtbaren Gegenden, einer Menge Dörfer, und nachdem wir in einem kleinen Städtchen Chaisen und Pfer-

31

de Abends um 9 Uhr gewechselt, kamen wir, ohne im finstern etwas von der Gegend mehr bemerken zu können, nach 11 Uhr Abends nach Glouchester *[Gloucester]*, ein ziemlich hübsches Städtchen, das jedoch nicht viel besonders, als einzeln schöne Häuser und wirklich schöne Kirchen hat.

Des andern Tages, vormittag nach 11 Uhr, verließen wir diesen Ort und passirten unvergleichliche Gegenden, vorzüglich aber mit viel tausend Schaafen besäete Viehweiden. Man wolte versichern, daß hier die beste Schaafwolle zu haben wäre.

In dem Städtchen Upton wechselten wir Chaisen und Pferde, fuhren in vorgedachten Gegenden bis Worchester *[Worcester]*, einer ziemlich großen Stadt, mit breiten Gassen, einer schönen Kirche und dergleichen, und nach hierselbst geschehenen Chaisen- und Pferdewechsel, reiseten wir bis Stourport.

Das einfallende Regenwetter gebot unsrer Reise, Einhalt zu machen, und hier zu bleiben. Die Herren übergaben dahero ihre Empfehlungsschreiben. Stourport hat meistentheils neugebauete Häuser, und besonders schöne Eisenwercke. Auf dem daselbst befindlichen Canal, der durchs ganze Land gehet, trasportiret man Eisen und Kohlen von einem Ort zum andern.

Folgenden Tags nach 12 Uhr fuhren wir wieder ab, auf ziemlich sandigten Straßen bis N. Diese Stadt bestund hauptsächlich aus Tuch-, Wollenzeug- und Cattun-Fabriquen. Es war bey unsrer Ankunft just Wochenmarkt, ein großer Haufen Pöbel umgab unsren Wagen, uns als Franzosen, für welche sie uns hielten, recht zu besehen. Wir blieben eine Stunde im Gasthof, wo die Wirthin, die etliche Worte französisch zusammen stoppeln gelernt, uns mit ihrem Mehsieurs parlez vous fränzsch? ebenfalls prüfen wollte, ob wir nicht etwa Franzmänner wären; der ich aber auf Englisch ihre Curiosite beschämend stillete.

Von hier aus kamen wir in ein Dorf, und besahen des verstorbenen Lord Litteldons Garten und Landhaus, welches kostbar meublirte Zimmer hatte. Der Garten war ganz unvergleichlich, allerwegen praesentirte sich eine neue Scene, eine andere natürliche Veränderung. Jetzt gieng man unter regelmäßig gepflanzten grünen Bäumen, mit welchen auf einmal schöne grüne Pläne abwechselten; hier stand ein prächtiges Lusthaus; dort war ein Berg auf dem ein altes Schloß mit runden Thurme erbauet ist, von dem man nicht nur den Garten, sondern auch die ganze Gegend übersehen konnte; angenehm rauschende Wasserfälle wurden von grünen Plätzen eingefaßet, auf welchen Dammhirsche weideten; kurz, was man nur schön nennen kan, war in diesen Garten.

Nach unserer darauf im Gasthof gehaltenen Mittagsmahlzeit fuhren wir wieder von hier aus, wechselten in einen folgenden Städtchen Chaisen und Pferde, und kamen, unter heftig anhaltenden Donnerwetter, Nachts um 12 Uhr in die Stadt Birmingham wo wir 3 Tage blieben. Hier werden in den Fabriquen die schönsten und besten Knöpfe gemacht.

Den 7ten Junii, vormittags 8 Uhr verließen wir die Stadt, kamen in ein ander kleines Städtchen, frühstückten daselbst, besahen nachher die in der Nähe dabey befindlichen Kohlenbergwercke (in deren einer Grube besonders merkwürdig war, wie ein Pferd die Kohlen bis zur Einfahrt brachte) giengen alsdann durch das mit Kindern ganz unglaublich gesegnete Städtchen Pilsen, und erreichten endlich Mittags die Stadt Wolwerhamton *[Wolverhampton]*. Sie ist ziemlich gros und hat 2 hübsche Kirchen. Unser Wirth, bey dem wir speiseten, hielt uns vor Franzosen, er machte mir daher hönisch ein französisch Compliment, welches ich aber in gleichem Tone auf Englisch beantwortete.

Nach 5 Uhr reiseten wir wieder ab, und passirten anmuthige Gegenden, besonders viele Gärten bis zum Städtchen Bridge North *[Bridgnorth]*. Ein Theil dieser Stadt ist auf einem hohen Berge, der andre aber im Thal gebauet, und mitten hindurch fließet ein starckes Wasser. Wir übernachteten bey guter Bedienung daselbst.

Des andern Tages kamen wir durch bergigte Gegenden, in den einige Eisenwercke habenden Ort Broseley wo wir des Nachts blieben. Mit folgenden Morgen um 8 Uhr gieng die Reise weiter, durch das Städtchen Penlock [Much Wenlock?], wechselten in der Stadt Salop (die zwey schöne Kirchen hat) unsre Chaisen und Pferde, passirten etliche Dörfer, speisten im Städtchen Ellsemere *[Ellesmere]*, fuhren um 4 Uhr nachmittags weiter, und kamen Abends um 7 Uhr ins Städtchen Wrexham, daselbst zu übernachten.

Den andern Tag um 12 Uhr erreichten wir Chester. Rings herum in dieser Stadt sind Gallerien gebauet, unter denen die Boutiquen stehen, daß man dahero bey dem morastigsten Wege trocken in der Stadt umher gehen kan. Wir logirten im Gasthofe zur Jagd.

Um 3 Uhr fuhren wir wieder fort bis an ein am Seehaven einzeln liegendes Wirthshaus, ließen hier unsre Equipage auf ein mit 2 Seegeln versehenes Schiff bringen, segelten ab, und nach einer halben Stunde hatten wir die Stadt Liverpool erreicht. Unsre Ankunft war sehr komisch und beynahe gar fürchterlich. Von einer guten Anzahl Matrosen, die uns umgaben, nahm jeder ein Stück von unsern Sachen, und trugs im Gasthofe zum goldnen Huuse, wo wir einkehren wolten. Der Zug gieng folgendergestalt: Ich marchirte, von einen Transport Matrosen umringt, voraus, der Herr Graf und Baron v. Podmannitzky in der Mitte, und D. Körner und des Barons Kammerdiener beschlossen den Aufzug. Verdrüßen durfte es uns freilich nicht, daß diese rohen Leute, unterwegs uns mit dem Ditel Fränzsch Bouggers, Prisners und dergleichen beehrten, wenn wir nicht Händel haben wolten.

Liverpool ist ziemlich gros, und liegt an einem Seehaven. Auf der Seite, wo wir anlandeten, giengen verschiedene Canäle, auf denen große Schiffe stunden, zwischen den Häusern hinein. Ohnweit unserm Gasthofe war die Börse. Man findet auch 2 schöne Kirchen daselbst.

Den 13ten Junii ward mit Pferde und Wagen wieder

von hier fortgereiset bis Warrington. Die alle von Ziegelsteinen erbauete Häuser sahen ziemlich schwarz aus. Nachmittags 4 Uhr kamen wir nach Northwich, wo die Herren ein Empfehlungsschreiben abzugeben hatten, und deshalb 2 Stunden daselbst blieben.

Bey unsrer Abfahrt umgaben uns eine Menge Volcks, die uns alle vor Franzosen hielten, wider welche Nation sie erstaunend aufgebracht schienen. Die Ursache zu diesem Haß hatte wahrscheinlich die im Monat Junio unter dem Pöbel in London vorgefallenen Revolution gegeben. Die Engländer, welche bekanntermaßen reformirter Religion zugethan sind, hatten damals die Catholiquen gar ausrotten wollen, und deshalb wohl an 50000 sich versammelnd, alle Häuser, wo man vermuthen könne, daß der Besitzer ein Catholick sey, niedergerissen, und mit Feuer angesteckt. Welcher Tumult denn auch so lange gewähret, bis der König Ordre gestellet, Feuer auf die Aufrührer zu geben. Dieser Vorfall machte unsre Reise noch immer gefährlich, man hielt uns vor Catholicken, die aus London flüchtig geworden, mithin waren wir bey einem unversöhnlichen Volck vor beständig in Lebensgefahr.

Wir erreichten nunmehro Abends eine Stadt, in der ich weiter nichts anzumercken weis, als daß mir und Lorenzen, der von der Wirthin uns vorgesetzte Schincken und Sallat trefflich gut schmeckte, und Pferde und Chaisen gewechselt wurden. Wir fuhren weiter, und kamen des Nachts um 1 Uhr nach Manchester, einer ansehnlichen Stadt, wo in denen Manufacturen der beste Manchester verfertiget wird, der wahrscheinlich seinen Nahmen daher hat. Es sind 2 schöne Kirchen daselbst. Am 11ten Junii hörte man den ganzen Tag ein starckes Glockengeläute, mit Abfeurung der Kanonen vergesellschaftet, zu Ehren des General Klingtons, der in America eine Bataille gewonnen und 7000 Mann Gefangen gemacht hatte.

Den 18ten Junii früh um 8 Uhr verließen wir Manchester, passirten Wiesen, Felder, hübsche Gärten und Landhäuser, und wechselten in dem Städtchen Rochdale Chaisen und Pferde, welche letztere wir in dem Dorfe Littelbrow *[Littleborough]* wieder frisch bekamen.

In dieser Gegend hatte die Erde just das Ansehen, als die, von der man in Holland den sogenannten Torf, den man statt Kohlen brennt, zubereitet, aussiehet. Weil es gleich Sonntag war, sahen wir auch eine ganze Menge wohlgeputzter Mädchen, aus denen umherliegenden Kirchen nach Hause gehen.

Die Mittagsmahlzeit hielten wir im Städtchen Halisfach *[Halifax]*, einen kleinen Ort, dessen neu erbauete Häuser blos Tuch- und Cattun-Fabriquen waren. Dergleichen Manufacturen wir auch auf dem Wege von Littelbrow bis zur Stadt in einiger Entfernung vorbey passirten.

Abends 8 Uhr hatten wir Leeds zum Nachtquartier erreicht. Zu Ende einer langen engen Straße, in der wir hindurch kamen, stand eine Menge Volcks beysammen, warum konnten wir nicht einsehen. Die Ursache ward uns jedoch im Gasthof einigermaßen begreiflich gemacht, indem man erzählte, daß vor etlichen Tagen, als man zu Erspahrung vieler Arbeitsleute bey den Manufacturen gewisse erfunden Machinen im Gang gebracht hätte, ein Aufruhr unter dem Pöbel entstanden sey, der sich nicht anders, als durch einige zu dieser Friedensstöhrer Aufsicht commandirte Regimenter Soldaten hätte beruhigen lassen, dahero stünde das Volck noch immer bey Haufen, und murrete über den durch die Machinen habenden Verlust.

Des andern Tages mittags 1 Uhr fuhren wir aus dieser ansehnlich ziemlich großen Stadt, kamen nach Wackefielde *[Wakefield]*, wechselten in diesem Städtchen Chaisen und Pferde, aßen unterwegs auf Bancktop, einem einzelnen Wirthshaus, geschwind ein wenig, fuhren noch 3 Meilen, und besahen in Wentwarthlasol des Lords Strafforts gehörigen Garten und Landhaus. Auf schönen grünen Treppen kam man in einen Saal, in welchen streifenweis vergoldete Säulen stunden, die Zimmer aber waren zum Theil sehr altväterisch eingerichtet, doch war die Lage des Hauses besonders schön.

Nach 2 Stunden fuhren wir in Gebüschen von kleinen Eichen und Buchenholz weiter, um Wentwarthaus, eines gewissen Lords zuständiges prächtiges Landhaus und Parc zu besehen. Allein, da wir in häufigen Regen erst um 8 Uhr Abends daselbst ankamen, mithin nichts besehen konnten, so machten wir 7 Englische Meilen Retour, übernachteten im obgedachten Wirthshaus Bancktop und kamen erst des andern Morgens um 9 Uhr wieder nach Wentwarthaus. Das Landhaus lag an einer grünen Ebene, ungemein prächtig von puren

Quatersteinen erbauet. Man gieng auf eine grüne Rasentreppe zu beiden Seiten hinauf, in einen großen Saal, der aber noch nicht ganz ausgebauet war, von da in die Nebenzimmer, die ebenfalls noch nicht fertig waren. Die Bibliothec vom Mylord verdiente alle Bewunderung, inngleichen die Hauskapelle, in welcher der Gottesdienst gehalten wird. Der Gärtner führte uns nunmehro in den darzu gehörigen Garten, wo im Gartenhause schöne Orangerie zu sehen war. In dem Küchengarten wurden verschiedene Arten Vögel, in besondern Gemächern aufbehalten. Ferner besahen wir die Pferde in ihren Ställen. Ein Reitknecht ritt mit uns durch den Parc zu der Gestütterey, welche die einzige in England ist. Von 100 Mutterpferden fallen jährlich etliche und 40 Füllen, denen, sobald sie ausgestallet werden, der Schwanz abgehauen, und jedes mit 2 Jahren zugeritten wird. Der Stallmeister zeigte uns auch die Bescheeler, worunter ein Wettläufer war, der dem Mylord 10000 Pfund gewonnen hatte.

Nach dreystündigen Aufenthalt fuhren wir weiter, durch 2 kleine Orter, und kamen nachmittags um 3 Uhr nach Scheffielde *[Sheffield]*. In dieser Stadt wird die beste Stahlarbeit, besonders Barbiermesser und Scheeren verfertiget, ich mußte deßhalb an 5 Dutzet Barbiermesser vor die Herren einkaufen. Da just Wochenmarckt war, schien es erstaunend volckreich zu seyn, besonders hatte es der Himmel mit hübschen Frauenzimmern gesegnet.

Des andern Tages um 2 Uhr gieng die Reise wieder fort in bergigten Gegenden bis Caselthon *[Castleton]*, einen schlechten und nur aus wenig Häusern bestehenden Ort. Am Ende desselben lag ein ungeheurer Felsen, mit einem ehemals darauf gestandenen, jetzt aber zusammengefallenen alten Schloße. Am Fuße des Felsens giengen wir in eine Höhle, der Teufelsarsch so hier genannt. Nicht weit vom Eingange war Wasser, über das ein jeder vermittelst eins kleinen Schiffchens, in welches man sich, der wiedrigen Passage wegen niederlegen mußte, und zwar nur ein Mann jedes mal, hinüber geschoben wurde, alsdann gieng es in der Höhle bald hoch bald niedrig beynahe eine halbe Stunde bis ans Ende fort. Als wir mitten unter diesen Felsen waren, fiengen über uns, in einer besondern Höhle, 6 oder 7 Mann, jeder ein brennend Licht in der Hand haltend, an zu singen, welches sich ungemein ausnahm.

Nachdem wir ihren Singen lange zugehört, begaben wir uns wieder aus der Höhle in unsern Gasthof, die Herren truncken Thee, und nach 9 Uhr Abends fuhren wir noch fort, bis Buxton, wo wir um 12 Uhr ankamen und blieben. Dieser Ort besteht aus einem kalten Bade, 2 Gasthöfen und etlichen schlechten Häusern.

Des andern Tages nach Tische gieng die Reise über Aschford. Wir besahen den dasigen Marmorbruch, in welchem ein jeder von uns, mit brennenden Lichte in der Hand hineingeführt wurde. Der Marmor ward in großen Stücken, mit eisernen Spitzen herunter gespaltet, auf Walzen aus der Höhle gebracht, und durch künstlich vom Wasser getriebene Machinenwercke in Tafeln geschnitten und poliret.

Nachgehends kamen wir über Baekholl *[Bakewell]*, einen kleinen Flecken, wechselten daselbst Chaisen und Pferde, und fuhren bis Chattesworth *[Chatsworth]*, in diesem Dörfchen des Nachts zu bleiben. Nahe dabey lag des Herzogs von Derbyschize ansehnliches Sommer-Palais und Garten oder Parc, welches wir früh um 8 Uhr besahen. Das Herrschaftliche Haus war von Quatersteinen gebauet. Als wir ans Thor kamen, wies uns der Thorwärter zu der Zimmeraufseherin, die uns herum führte. Die Zimmer waren zwar ansehnlich gros und hoch, alle aber auf alten Fuß gebauet. Die Bibliothec und Hauskapelle gefiel uns am besten. Der Gärtner führte uns alsdann im Garten und ließ alle Wasserkünste springen, unter denen sich besonders eine befand, die das Wasser über 90 Fuß in die Höhe trieb. Eine groß Anzahl Hirsche weideten im Garten. Alles besehen giengen wir wieder in unser Wirthshaus, daselbst zu speisen.

Nach Tische reiseten wir bis Metlock *[Matlock]*, einem Ort, der aus 2 Gasthöfen und einigen Häusern bestund. Des dasigen kalten Bades wegen trafen wir viele Badegäste, wobey ich und Lorenz unsre Rolle gut spielten.

Den 26sten Junii passirten wir von 11 Uhr an, sehr bergigte Gegenden, und einzelne Bleywercke, speiseten nach 2 Uhr in dem Städtchen Aschborn *[Ashbourne]*, und nach 3 Stunden, während der Zeit die Herren ein etliche Meilen entferntes Bleybergwerck besehen hatten, giengs wieder fort bis Abends 10 Uhr nach Leck *[Leek]*.

Des andern Morgens früh um 9 Uhr fuhren wir aus, und kamen durch etliche Flecken, wo man nichts als Töpfer sah, um 11 Uhr ins Städtchen Newcastle, um daselbst zu speisen. Um 4 Uhr wieder ausfahrend, wechselten wir in Stone unsre Pferde, welches auch in Usleybridge geschahe, und als wir in Lichfield nochmals Chaisen und Pferde gewechselt, erreichten wir des Nachts nach 12 Uhr die Stadt Birmingham, und logirten im Gasthof Hotel genannt.

Folgenden Tags nachmittag um 4 Uhr, giengs über Henley *[Henley in Arden]*, wo wir frische Pferde und Chaisen bekamen, über Statford *[Stratford-upon-Avon]* bis Abends um 10 Uhr nach Schipton *[Shipston on Stone]*.

Den 27sten Junii früh nach 6 Uhr fuhren wir wieder aus, frühstückten, und wechselten Chaisen und Pferde in einem einzeln liegenden Wirthshause und passirten ausnehmende Gegend bis zum Städtchen Woodtock *[Woodstock]*. In diesem Ort wird die beste Stahlarbeit, von Uhrketten, Degengefäßen und dergleichen, auch vorzüglichste lederne Handschuhe gemacht.

Abends um 8 Uhr kamen wir nach Oxford im Gasthof der Königshut genannt. Des Morgens darauf übergaben die Herren ihre Empfehlungsschreiben an die Professores und besahen das Merckwürdigste. Ich und Lorenz besuchten unterdessen vor der Stadt die angenehmen Spaziergänge, durch welche der Fluß Themse fließet, auf dem kleine Fahrzeuge stunden. In der Stadt giebt es prächtige Gebäude, besonders die zur

Universitaet gehören.

Nach dreytägigen Aufenthalt verließen wir Oxford, giengen über einen Ort, Stohn *[Stone]* genannt, um das daselbst befindliche Landhaus, das 25 Englische Meilen von Oxford lag, zu besehen, blieben eine Nacht in den dabey gelegenen Gasthof, und kamen von 10 Uhr des andern Tages ausfahrend, durch verschiedene Städtchen, nachmittags um 6 Uhr wieder nach London.

Unser altes Logis, wo unsre Coffres stehen geblieben waren, fanden wir von Fremden schon besetzt, und mußten deshalb im Gasthof Nirons Hotel logiren, in welchen unsre Equipage noch selbigen Abend aus dem alten Logis gebracht wurde.

Nach etlichen Tagen zeigte mir ein guter Freund bey einem Spatziergange die verwüsteten Häuser, welche bey der Revolution die Rebellen unter Sengen und Brennen herunter gerissen hatten. Es war fürchterlich anzusehen. Wir spatzirten darauf ins Lager, das aus 10000 Mann Infanterie bestand. So viel man derer Rebellen habhaft werden konnte, hatten die Ehre, ohne weitere Umstände, täglich zu 5, 6, auch 7 Mann, und zwar ein jeder vor das Haus, welches er hatte verwüsten helfen, aufgehangen zu werden. Der Galgen ward jedesmal mit schwarzen Tuch umzogen, und mit einer starcken Besetzung von Dragonern umringt, weil man befürchtete, der Mob oder Pöbel möchte sich wieder versammeln und Aufruhr anrichten.

Der Herr Graf wurden den 8ten Julii von einem heftigen kalten Fieber überfallen, welches 10 Tage anhielt. Am 28sten Julii machten wir eine kleine Lustreise aufs Land zu einem Ort Tombridge *[Tonbridge]* genannt, woselbst viele Herrschaften den Sommer über sich aufhalten, und wo sehr künstlich von Holz geschnitzte Arbeit verfertiget wird.

Unser Aufenthalt währte hier 2 Tage, worauf wir in einer Post-Chaise wieder zurück nach London fuhren, und alles einrichteten, um den folgenden Tag von London abzureisen; allein der Herr Graf bekamen das Fieber wieder, und es dauerte bis zum 4ten August, daß wir dahero erst den 6ten früh um 8 Uhr abreisen konnten.

In einer mit 4 Pferden bespannten Kutsche passierten wir selbigen Tags durch verschiedene Städtchen, nahmen unterweilen frische Pferde, und kamen Abends um 10 Uhr nach Margate, daselbst über Nacht zu bleiben.

Den 7ten August Nachmittags um 3 Uhr fuhren wir mit einem Paquetboot von Margate ab, und erreichten mit günstigen Winde des andern Morgens um 8 Uhr Ostende. Der Herr Graf und D. Körner frühstückten daselbst, und vor mich, als einen halben Patienten, der ich auf dem Schiffe geworden war, ward ein wenig Bouillon aufgesetzt. Unsre viele Equipage fortzubringen, mietheten der Herr Graf 2 Kutschen, und fuhren nebst D. Körnern in einer, ich aber ganz allein in der andern von Ostende *[Oostende]* ab.

Nunmehro kamen wir auf Kayserliches Gebiete, sa-

44

hen Kayserliche Trouppen, hörten fast nichts als französisch parliren, und mußten in den Wirthshäusern der schlechten Flecken, wodurch wir passirten, eitel Haaferbrod essen, welches mir denn gar nicht zu Halse wolte, da ich seit 9 Monaten nichts als Londner Semmelbrod gegessen hatte.

Nachmittags 4 Uhr waren wir in Bruges *[Brügge]*, einer großen, sehr weitläufig gebaueten Stadt, mit ziemlich altväterischen Häusern, stiegen auf der Post ab, speiseten, und blieben wegen Mangel der Pferde diese Nacht daselbst.

Des andern Tages früh um 6 Uhr giengs wieder fort auf sandigen Straßen bis Gent, einer altfränckisch erbaueten großen Stadt, in der wir Mittags aßen, und frische Pferde nahmen. Von hier abgefahren, und noch 2 mal Pferde gewechselt, erreichten wir folgenden Tags um 12 Uhr Brüssel, blieben daselbst des Nachts, fuhren am andern Morgen in einer viersitzigen Kutsche weiter, lagen eine Nacht stille, und kamen folgenden Abend um 8 Uhr nach Spah *[Spa]*.

Dies ist zwar eigendlich keine Stadt, wegen einiger Gesundbrunnen aber, sind den Sommer über viele Herrschaften daselbst, die Brunnenkur zu gebrauchen. Von allen Nationen sahe man Leute, besonders war just der König von Schweden, und 2 Prinzen, deren einer Orlof, der andere aber Nesson sich nannten, auch allda, als der Herr Graf dahinreiseten, das Wasser bey den habenden kalten Fieber zu gebrauchen.

Den 6ten Sept. verließ der Herr D. Körner Spah und uns, um gegen Strasburg *[Strasbourg]* etliche Städte zu besehen, dem wir den 19ten Sept., nachdem des Fieber den Herrn Grafen zum zweytenmale verlassen hatte, nachfolgeten, viele Berge und schlechte Gegenden passirten, und unter unaufhörlichen Regen diesen Tag um 5 Uhr in ein einzelnes Wirthshaus ankamen, wo wir der schlechten Witterung wegen über Nacht bleiben mußten. Reinlichkeit war in dieser Herberge eben nicht zu suchen, kaum fand sich noch ein kleines Stübchen mit einem Bette versehen, in welchem der Herr Graf schlafen konnten, und ein Plätzgen vor der Stubenthür mit einer gemachten Streu, hies eigendlich mein Schlafzimmer, wo ich den Herrn Grafen bewachte, welches in Betracht der vielen ein- und auswandernden, mir ziemlich verdächtig vorkommenden, Personen wohl nöthig zu seyn schien, aber mit meinem der Ruhe benöthigten Körper gar nicht zusammen passen wolte.

Früh um 4 Uhr fuhren wir mit dem von Spah mitgenommenen Kutscher ab, passirten in bessere Gegenden und Straßen einige geringe Flecken und kamen Abends um 10 Uhr nach der Kayserl. freyen Reichsstadt Luxemburg *[Luxembourg]*. Wir besahen des andern Morgens die Festungswerke der Stadt, die man vor die stärckste Festung in Deutschland hält. Sie ist ganz unterminiret, und mit Kayserlichen Trouppen besetzt. Wir nahmen Postpferde und verließen nach der Mittagsmahlzeit die Stadt.

Hier fiengen die französische Posten an, mit denen wir, nach etlichemal erfolgter Pferdeumwechselung in die von Franzmännern besetzte französische Festung Johnwill *[Thionville]* eintrafen, und aus Mangel zu bekommender Pferde des Nachts daselbst blieben.

Des andern Morgens kamen wir nach Metz, wo der Herr Graf frühstückten, und alsdann ausgiengen, sich ein wenig umzusehen. Damit nun auch ich nicht müßig bleiben wolte, erstieg ich den ziemlich hohen Thurm der dasigen Kirche, besahe die auf demselben befindliche erstaunend große Glocke, und zugleich von oben herab diese mittelmäßige alt und rostige Stadt, in der man kein ander Wort als französisch parliren hört.

Nachmittags um 5 Uhr kamen wir durch schöne Gegenden in die französische Stadt Nenzi *[Nancy]*. Sie ist ziemlich gros, und hat verschiedene Häuser. Ich sahe daselbst ein deutsches im französischen Sold garnisonirendes Grenadier-Regiment exerciren.

Den 23sten früh von 5 Uhr an passirten wir selbigen Tags viele Flecken, blieben folgender Nacht in ein Dorf, fuhren früh um 6 Uhr wieder aus, wechselten etlichemal Pferde, und kamen Vormittags 10 Uhr nach Strasburg, wo wir bey unsrer Einkehr im Gasthof zum heil. Geist unsern Reisegefährten Herrn D. Körnern wieder antrafen.

Strasburg, eine große Stadt, hat zwar einzeln schöne Gebäude, die mehrsten Häuser aber sehen rostig aus und sind altväterisch gebauet. Das Merkwürdigste ist der von oben bis unten durchsichtige künstlich erbaute Münsterthurm. Man hat hübsche Promenaden bey der

Stadt. Die Weibspersonen sehen in ihrer Tracht komisch aus, sie gehen alle mit unbedeckten Kopfe, auf den eine besondere Frisur angebracht ist: Die Haare sind hinten glatt hinauf gekämmet, forne aber tragen sie ein breites Toupee, mit allerhand prächtigen Schnorpfeifereyen gezieret.

Nach 2tätigen Aufenthalt giengen wir mit Extrapost wieder ab, über Keyl *[Kehl]*, einer alten Festung dem Marggrafen von Baaden gehörig, und wechselten Pferde; ferner über Offenburg, einer Kayserlichen freyen Reichsstadt, und nahmen daselbst wieder frische Pferde; noch ferner über Greißenheim *[Friesenheim?]* (ist Marggräfl.), Kenzingen (ist Kayserl.) und Emmendingen (ist Marggräfl. worzu das Oberamt Hochberg gehöret), wo wir 2 Nächte und 1 Tag blieben.

Am andern Morgen früh um 6 Uhr verfolgten wir unsre Reise, über Freyburg *[Freiburg]* (einer alten Festung der Österreichischen Hauptstadt), über Hölle, Neustadt, Ommeding und Zollhaus zu Lamperg, woselbst wir übernachteten.

Folgenden Tags früh um 5 Uhr giengs weiter bis zu der ersten Stadt in der Schweitz *[Schweiz]*, Schaafhausen *[Schaffhausen]*, wo der Rheynfall von einem Berge hinabfließend zu sehen ist. Die Tracht des schönen Geschlechts hat daselbst viel ähnliches mit dem Anzuge der Altenburgerinnen in Deutschland. Die Haare glatt auf dem Kopfe gebunden in 2 Zöpfen geflochten, und diese hinunterhangend, daß das Band beynahe auf die Erde reicht, ist ihr ganzer Kopfputz. Es war auch nicht wohlfeil daselbst zu zehren, denn ich mußte vor eine Mahlzeit für mich 8 Groschen bezahlen.

Von Nachmittags um 3 Uhr an gieng die Reise über viele Berge durchs Städtchen Elicksau *[Eglisau]* bis zum Nachtquartier in Pelach *[Bülach?]*, welches wir folgenden Morgen um 7 Uhr verließen, und um 11 Uhr in Zürich, im Gasthofe zum Schwerdt genannt, ankamen.

Zürich ist eine große Stadt. Ihre alte und beräucherte Häuser verdienten auch einen neuen Uiberrock. Die schöne Aussicht ist das beste daselbst. Unser Gasthof stund mitten auf dem Wasser, das man die Zürcher See nennet, von welchem man die großen, Sommer und Winter mit Schnee bedeckten Gebirge, sehen konnte, deren Höhe das Ansehn gab, als ob sie ohngefähr eine Stunde von der Stadt entfernt wären, ohngeachtet der Weg doch bis dahin an 12 Meilen gerechnet wurde.

Der Herr Graf bekamen zum 3ten male das Fieber, welches aber nur 4 Tage anhielt. Inzwischen vergiengen doch 10 Tage, ehe wir abreisen konnten. Solches geschah denn in angenehmen Gegenden über Baaden *[Baden]*, Lenzburg bis in einen Flecken, wo wir des Nachts blieben.

Des andern Tages von früh 5 Uhr an passirten wir noch einige Flecken, und kamen nach Bern, einem mittelmäßigen Städtchen, das wegen seiner ganz besondern schönen Häuser und anmuthigen Gegend, auch verschiedenen Bäder, den Vorzug vor vielen andern verdienet. Die von Quatersteinen erbaueten Häuser stehen auf Pfeilern ein Stockwerck hoch, unter welches man dahero in der ganzen Stadt bey den größten Regen ohne einen Fuß naß zu machen umher gehen kan. Der dasigen Frauenzimmer Aufführung ist nicht die beste, ihre Menge wäre hinreichend, einen unbewohnten Welttheil damit zu bevölckern. Wir logirten 6 Tage im Gasthof zur Crone genannt.

Unsre Abreise geschahe in Gesellschaft des Herrn Marggrafens von Anspach Durchlaucht. Wir passirten ungemein schöne Gegenden bis zur Stadt Morden *[Murten?]*, die den eingezogenen Nachrichten zu folgen, wegen der vor 300 Jahren zwischen den Schweizern und Burgundern daselbst vorgestellten Schlacht, von deren todtgebliebner Mannschaft die Gebeine in einen besondern Beinhäußgen, eine halbe Stunde vor der Stadt gelegen, soviel die Verwesung überig gelassen, noch bis dato aufbehalten und vorgezeiget werden, besonders merckwürdig ist.

Von da giengs über Wildsburg, wo wir in einem Gasthofe vor der Stadt logirten, des andern Morgens um 6 Uhr wieder abreiseten, durch etliche Flecken passirten, Mittags in Milde speisten, nachgehends noch einige Flecken zurücklegten, und Abends um 7 Uhr in Lousanne ankamen. Lousanne *[Lausanne]* ist eine Stadt, die eben keine besondere Vorzüge hat; doch halten sich der schönen Aussicht wegen viele fremde Herrschaften, und mehrentheils Engländer daselbst auf.

Nach einen 4täglichen Daseyn reiseten wir wieder fort, in unvergleichlicher Gegend, immer neben dem

Wasser her, welches man einen See nennte, der 18 Stunden lang und 4 Stunden breit seyn solte. Uiber dem Wasser erblickte man jenseits die vom Schnee leuchtende Gebirge wieder, gleich als Wolcken aufgethürmt, und mit ihren Schatten, ohngeachtet ihrer weiten Entfernung, in dem See herüber ragend schienen, so, daß es sehr angenehm zu reisen war. Wir passirten dabey durch die Städte Morse *[Morges?]*, Stoll *[Rolle?]*, Neiß *[Nyon?]*, Cobeth, und blieben eine Stunde vor Genf in einem Gasthofe, wo wir des Herrn Marggrafens von Anspach Durchlaucht wieder antrafen, in Dero Gesellschaft der Herr Graf während der 8 Tage, als wir uns daselbst aufhielten, sich mehrentheils befanden.

Genf oder Geneve ist eine große und schöne Stadt, worinnen besonders viel Taschenuhren fabricirt werden, hat schöne Promenaden und rings in ihrer Gegend vorzügliche Landhäuser.

Den 31sten October früh um 9 Uhr verließen wir die Stadt, und hatten die angenehmste Gegend, die ich noch auf der Reise gesehen hatte, zu passiren. Auf beiden Seiten der Straße waren Berge, von denne der Schnee in Wolckenhöhe herableuchtete. Die kühle Luft von den Bergen temperirte die zwischen ihnen zurückprallend wie im Junio brennende Sonnenstrahlen, und machte sie der Gesundheit angemessen. Mit jeder Minute fand das Auge neue Gegenstände, neues Vergnügen angenehmer Veränderung, bis wir in Lion *[Lyon]*, nachdem wir unterschiedliche kleine Flecken passiret, und eine Nacht stille gelegen hatten, den 1sten November Abends um 9 Uhr im Gasthof Hotel d'Angleterre eintrafen.

Lion gehört ohnstreitig unter die schönsten Städte in Franckreich, ist ziemlich gros und schön gebauet, besonders auf der Seite des vorbeylaufenden Flusses, wo die Häuser 6 bis 7 Stockwerck hoch und alle in gerader Linie erbauet sind, welches einen trefflichen Prospect giebt. Es wird starcke Kaufmannschaft daselbst getrieben, und besonders ist Stickerey, Gold und Silberarbeit sehr fein zu haben.

Den 8ten Nov. reiseten wir unter beständigen Schneyen und der Jahreszeit natürlichen Witterung aus Lion auf schlecht conditionirten Straßen fast an 20 Meilen und kamen über Puitsdor, Echelles, Ville Franche *[Villefranche]*, St. George de Renard, Maison blanche, St. Albin, Tournus, Senecey *[Sennecey]*, Chalon *[Chalons]*, Chaigny *[Chagny]*, Beaume *[Beaune]*, Nuys *[Nuits St. Georges]*, Baraque, Dijon, Cude, Pont de Panis, Chaleure, Viteaux *[Vitteaux]*, la Maison neuve, Rouvray, Cussi les Forges, Lucy le bois, Vermanton *[Vermenton]*, à Saint Brice, Auxerre, Basson, Joigny, Ville Vallier, Ville neuve la Guyare, Fossant, Moret, Fontainebleau nach Paris, woselbst wir den 13ten Nov. Abends nach 6 Uhr im Hotel Valena abstiegen.

Bey dieser Tour weis ich weiter nichts anzumercken, als daß wir in 5 Tagen nicht mehr als 2 Nächte still gelegen und geschlafen haben. Das Logis in unserm Gasthofe wolte dem Herrn Grafen nicht gefallen, dahero wurde nach 2 Tagen ein neues gemiethet, das Parlement d'Angleterre genannt, woselbst wir unsere Equipage hinbringen ließen und 4 Monat blieben. Paris, die größte

Stadt in Franckreich, und wie man behauptet, auch die größte nach London in Europa, soll mit Innbegriff der Vorstädte im Durchschnitte zwey, in Umkreyse aber sechs französische Meilen enthalten. Sie liegt mitten in der Landschaft Isle de France an der Seine auf einer Ebene, dahero würde sie von fern auch nur mittelmäßig anzusehen seyn, wenn die ins Auge fallend prächtige Kuppeln und hohen Thürme nicht schon von weiten vermuthen ließen, was für eine Stadt man vor sich habe.

Die Straßen in Paris haben mehrentheils gehörige Breite, sind aber auch so morastig, daß man Winter und Sommer fast niemals trocken gehen kan, und überdieses alle Augenblicke befürchten muß, von einer Kutsche über Haufen gefahren zu werden. Die Häuser sind an der Straßenseite ziemlich gleichförmig und mehrentheils 4 Stockwerck hoch gebauet.

Wie man versichern will, sollen an 600000 Einwohner, 13000 Kutschen und Carjole, und 6200 Laternen in der Stadt seyn. Der Charakter dieser Nation ist ohnmaßgeblich: hochmüthig, scharfsinnig, lustig, hitzig, eifersüchtig und meuchelmörderisch. Wenn der Franzose keinen Heller im Beutel hat, ist er am aufgeräumtesten. Kömmts zu Zanck und Streitigkeiten, so kan der Gegner, besonders wenn er ein Ausländer ist, sich wohl fürsehen, daß ihm sein Feind nicht im finstern aufpasse, und ein Messer durch den Leib jage. Denn es vergehen wenig Tage, wo man nicht 2, auch 3 Ermordete, auf dem Platz de Moore findet, als wohin die Entleibten so bald sie gefunden, gebracht werden, und 3 Tage liegen bleiben, damit wenn sich jemand findet, der sie kennt, er doch Auskunft davon geben könne.

Promenaden und Gärten hat die Stadt in Menge. Den 6ten Febr. besahe ich das Hospital la Charité. Ein schönes Gebäude, und die Einrichtungen darinnen vortrefflich. Es waren 80 bis 100 Betten in 3 verschiedenen Stuben. In der ersten befanden sich krancke graduirte Personen, in der zweyten die von geringen oder dergleichen Stande, ohne Unterschied und Ansehen der Religion, einheimische und fremde, und in der dritten, Patienten, welche in letzten Zügen lagen. Sämmtliche Krancken werden daselbst vorzüglich abgewartet, und von den barmherzigen Ordensbrüdern bedienet. Man hält ihnen Doctores, und gönnet ihnen ohne Entgeld den Aufenthalt bis zur völligen Genesung, oder, wenn weder Kraut noch Pflaster mehr helfen kan, bis an ihren Tod.

Beyläufig muß ich anmercken, daß ich während meines Aufhaltens in Paris durch die Justiz habe vom Leben zum Tode bringen sehen: 6 Personen, die gerädert (unter denen einer noch verbrannt ward), und 4, welche aufgehangen wurden, weil sie durchgehends Leute bestohlen und umgebracht hatten.

Die Kirche, Notre Dame, oder unsrer lieben Frauen Kirche, welche ich den 6ten Martii besahe, ist die schönste und größte in Paris, von außen rings umher mit ausgehauenen steinernen Figuren gezieret.

Das Hospital, Hotel de Dieu genannt, hatte nach meiner Beurtheilung bey weiten die guten Einrichtungen nicht, als ich in den vorhergedachten wahrgenommen habe; desto bequemer und ordentlicher aber war das Aux enfant trouvé, oder das Haus, wo alle Fundlinge hingebracht und aufgezogen werden, eingerichtet, man bemerckte überall die größte Reinlichkeit, welches in Paris gewiß eine Seltenheit ist.

Ein anderes Haus, Pisitter genannt, eine Stunde vor der Stadt an der Straße nach Lion gelegen, besuchte ich den 15ten Martii und fand daselbst einen schönen Brunnen, dessen Tiefe das Auge nicht erreichen konnte, folgendergestalt eingerichtet: Zwey Eimer hiengen an einem langen Seil, vermittelst einer Walze ward einer leer hinunter gelassen, dem der andere mit Wasser angefüllt im Heraufkommen begegnete. Funfzehn Personen sind erforderlich, das Wasser unaufhörlich aus dem Brunnen zu ziehen, worzu die zu einer ewigen Gefangenschaft condemnirte Personen genommen werden, welche Stundenweis bey dieser Arbeit abwechseln. Wie denn auch alle melancholische oder unsinnige Menschen in besonderen Zimmern jeder allein, daselbst, und die im äußersten Grad Rasende mit Eisen um den Hals an einer Kette angeschlossen aufbehalten werden. Unter andern Behältnissen, wo die Gefangenen alle einzeln eingesperrt sind, findet sich noch ein Gefängnis unter der Erde, vor diejenige, welche das Leben verschuldet, solches aber durch vieles Geldgeben in soweit erkaufet haben, daß sie zeitlebens Arrestanten seyn müssen.

In dem Garten du Roi, oder des Königs, der zum Spatziergehen erlaubt ist, besahe ich das Naturalien-Cabinet, dessen besondere Merckwürdigkeiten und Seltenheiten wirklich zu bewundern sind.

Das Invalidenhaus ist ein schönes Gebäude, welches allerwegen gute Einrichtung zeiget. Der Thurm von diesem Hause, der mit verschiedenen coulerten Marmor belegt ist, verdient alle Bewunderung.

Etliche Kirchen endlich, die ich noch besehen habe, sind innwendig meistentheils auf einerley Art gebauet.

Nach 4 und ½monatlichen Aufenthalt verließen wir den 31. Martii Paris, und passirten Tag und Nacht fahrend, folgende Oerter: Chalons, Chepi *[Chepy]*, Chaussee Saint-Amant, Vitry le Francois, Graviere, Saint-Dizier, Santdrupt, Bar le Duc, Ligny, Saint-Aubin, Void, Layes, Toul, Velaine, Nancy, Dombale, Luneville, Benamenil, Blamont, bis Heming bey Strasburg, wo wir den 2ten April Abends deswegen bleiben mußten, weil nach geschehenen Thorschluß um 7 Uhr Abends, zu Strasburg niemand mehr hinein gelassen wird, daß wir dahero erst den 3ten vormittags um 10 Uhr nach Strasburg kamen, im Gasthofe zum heil. Geist einkehrten, und 5 Tage daselbst blieben.

Die Straßen von Paris bis Strasburg sind gut und fortkommlich, durchgängig Chaussee, und meistens mit Alleen eingefasset.

Den 8ten April früh um 7 Uhr reiseten wir wieder ab, des Herrn Grafens Reise-Compagnon D. Körner aber, blieben zurück, um noch einige Geschäfte zu besorgen, und so war ich nunmehro ganz allein mit dem Herrn

Grafen.

Die nächste Station von Strasburg aus hies Kehl, wo ich zu nicht geringer Freude den ersten deutschen Postillon wieder sein Stückchen blasen und mit noch größern Vergnügen in meiner Muttersprache wieder reden hörte, die ich in 1½ Jahren so wenig gebrauchen können, und beynahe gar vergessen hatte.

Wir kamen über Bischofshayn *[Bischheim]*, Stollhofen, speisten Mittags in Rostadt *[Rastatt]*, besahen das dasige Schloß, fuhren nach Tische weiter, und blieben des Nachts in Carlsruhe *[Karlsruhe]*.

Nachdem wir des andern Tages das daselbst befindliche schöne Schloß und den darzu gehörigen Garten des Marggrafens von Baaden Durchl. besehen hatten, gieng die Reise weiter über Schwetzingen, wo wir das Schloß und Garten, dem Churfürsten von der Pfalz zugehörig, besahen, und kamen über Waghäusel bis zum Nachtquartier Manheim *[Mannheim]*.

Des andern Tages passierten wir Worms, Oppenheim, Gerau, und erreichten den 11. April Nachts um 1 Uhr unser ehemaliges Logis zum rothen Haus in Frankfurt. Es war just Messezeit, und also um so lebhafter. Wir blieben 6 Tage daselbst.

Den 16ten April reiseten wir also weiter über Butschbach *[Butzbach]* (ist Darmstädtisch), Gießen, Marpurg *[Marburg]* (den Landgrafen von Jessen gehörig), Holzdorf *[Halsdorf]*, Iesburg *[Jesberg]*, Wabern, bis Cassel *[Kassel]*, welches wir, nachdem wir die ganze Nacht gefahren, Abends um 8 Uhr erreichten.

Cassel ist eine Stadt, die wegen der hübsch gebaueten Häuser, ausnehmenden Gegend, vorzüglichen Gärten und Promenaden sich besonders auszeichnet. Der Herr Graf wurden gleich des andern Tages nach unsere Ankunft bey dem Herrn Landgrafen praesentiret und speisten Tags darauf bey Hofe.

Den 21sten Maii passirten wir in unebenen Gegenden Münden, Hannoverisch, und nach zurückgelegten 5 Meilen waren wir des Nachts um 12 Uhr zu Göttingen, im Hotel, die Krone genannt. Göttingen, die bekannte hannöversche Universitaets-Stadt, ist weder gros noch schön; doch in Ansehung der vielen Studenten, so ziemlich lebhaft, und mit gefälligen Promenaden versehen.

Den 24sten Maii passirten wir Nordheim *[Northeim]*, die letzte Stadt im Hannoverschen, Illhausen, ein schon Braunschweigisches Dorf, Sesen *[Seesen]*, Lutter und kamen Abends um 10 Uhr nach Braunschweig. Diese Stadt ist zwar ziemlich gros, hat aber mehrentheils altväterisch erbauete und rostig aussehende Häuser, ist übrigens ein sehr todter Ort, der mir gar nicht gefallen wolte. Wir logirten im Gasthofe Hotel d'Angleterre.

Am andern Morgen nach unsrer Ankunft wurden der Herr Graf bey dem Hofmarschall zur Tafel geladen, und folgenden Tags speisten Dieselben bey Ihro Hoheit dem Herzoge von Braunschweig.

Nach 4 Tagen Aufenthalt reiseten wir ab in lauter sandigen Gegenden über Königslutter, Helmstädt *[Helmstedt]*, Morsleben, welches wieder Preußisch ist, wechselten in Magdeburg Pferde, passierten Ziesar, Brandenburg, Groß Kreutz, und kamen, nachdem wir eine ganze Nacht gefahren, des andern Abends um 11 Uhr nach Potsdam, daselbst zu übernachten, folgenden Tags aber nachmittags um 2 Uhr nach Berlin, woselbst wir im Gasthof Hotel de Prussie 3 Wochen und 2 Tage logirten.

Berlin, eine unvergleichlich schöne, und der größten Städte eine in Deutschland, welche aus unterschiedenen zusammen gebaueten Städten bestehet, ist wohl befestiget, volckreich, und die ordentliche Residenz des Königs von Preußen, hat verschiedene prächtige Palläste. Die Länge und Breite der mehrsten, und das durchgängig regulaire der Straßen ist zu bewundern. Sehenswürdig ist die Bibliothec, das Zeughaus, Invalidenhaus, das Schloß, vorzüglich schöne Gärten und dergleichen.

Den 25sten Maii nahmen wir unser Tour über Mittelwalde *[Mittenwalde]*, Baruth, Luckau, und übernachteten bey dem Herrn Grafen von Einsiedel in Mückenberg.

Tags darauf fuhren wir nach Tische bis Elsterwerda, wo Ihro Hoheit der Herzog von Curland sich befanden, blieben des Nachts daselbst und reiseten des andern Morgens von 9 Uhr an über Strehla, Hubertsburg *[Hubertusburg]*, und machten, weil es zu spät wurde, Wechselburg zu erreichen, in Leisnig Nachtquartier.

Diese Nacht war auf unsrer nunmehro zu Ende gehenden Reise, vor mich eine der kürzesten in Ansehung meines Schlafs, eine der längsten aber in Betracht des Verlangens, meine Freunde, von denen ich nur noch 3 Meilen entfernt war, nun wieder zu sehen und mich mit ihnen zu erfreuen.

Sie entwich endlich, die lange Nacht, und der 29ste May erschien, an welchem wir in Wechselburg ankamen und unsrer Reise ein Ende machten.

Welch wonnevolles Vergnügen, welche lebhafte Freude die Hochgräfl. Eltern empfanden und äußerten, Ihren würdigen Sohn, den Herrn Grafen und Cammerherrn gesund und glücklich wieder zu umarmen, ist meine Feder zu schwach auszudrücken.

Wie herzlich freueten sich auch mein armer alter Vater und Bruder, die seit 1 und ¾ Jahr mich, ihrem Wohlthäter, mit banger Sehnsucht entgegen gesehen hatten, als ich auf einmal, munter und frisch vor Ihnen stand, und der Wohlgewogenheit meines begleiteten gnädigen Herrn Grafens, meinen Feinden, die mir diese nicht gönneten, zur Beschämung mich noch rühmen durfte, daß ich eine Reise machen helfen, die auch meiner Wenigkeit Ehre machte.

Danksagung

Danck sey es dem Wesen, das die ungebildete Natur formte, mit so undencklicher Weisheit das Erschaffene den Urheber zu verherrlichen bestimmte.

Danck sey es dieser endlichem Verstande unbegreiflichen Gottheit, daß auch meine Seele mit heiligen Schauer die Größe göttlicher gränzenlosen Liebe gegen vernünftige Geschöpfe, nach gemachter Reise verehren und Danck opfern kan.

Diese Tage, zu meiner Reise angewendete Tage, sie sind mir entflossen unter sichtbaren Kennzeichen einer ewigen Vorsehung entflohen - ich habe sie durchlebet.

Gränzenlose Vorsicht, unter deinen Schutz flohen Gefahren, die mich treffen konnten. Unter den Flügeln deiner Gnade, wohlthätigster Wohlthäter der Menschen, war ich vor schreckenvollen Uibeln gesichert.

Preis sey dem Regierer der Welten!
Lob sey seinem großen Nahmen!

Mein Gott, ich danke herzlich dir für alle Wohlthat, die du mir auch auf der Reise bis zum End so überflüssig hast gegönnt.

Hallelujah!

Zufällige Gedanken
als ein Appendix des Tagebuchs meiner Reise.

Der Anfang meines Lebens war
voll bittrer Sorge schon.
Von armer frommer Eltern Paar
bin ich der erste Sohn.

Fromm, tugendhaft mich zu erziehn,
hieß ihre liebste Pflicht;
und so verfehlte ihr Bemühn
des wahren Zweckes nicht.

Und ich, so viel der Allmacht Hand
Kraft und Gedeyen gab,
nahm zu an Jahr, wuchs an Verstand,
ward Eltern Trost und Stab.

Die Vorsicht that nach weisem Rath
den Eltern Guts durch mich.
Je mehr ich ihnen gutes that,
je mehr erlangte ich.

Trotz meinen Feinden mußts geschehn,
ich ward vom Lämmerherrn
erwählt, auf Reisen mitzugehn.
Dies wünschend, folgt ich gern.

Rechtschaffner Eltern würdgen Sohn
bracht ihn gesund zurück.
In dessen treuer Dienste Lohn
erwart ich nun mein Glück.

Zufriedenseyn, das ist mein Spruch,
hab ich nicht Geld und Ehr;
so hab ich doch, was mir ist genug,
der Kluge wünscht nichts mehr.

Lobpreisung

Erhabenster, Du Gott und Vater unsers Lebens,
Du sprachst - es ward der Mensch,
und schufst Du ihn vergebens?

Nein Herr, mit ihm entstund zugleich auch seine Pflicht
und ohne sie zu thun, ist Leben, Leben nicht.

Auch ich ward - Schöpfer, Dich vernünftig zu verehren
doch kan ichs ohne Dich? Du mußt es selbst mich lehren.

Und ja! Dich prediget die reitzende Natur,
der Schattenreiche Wald, die Seegensvolle Flur.

Die Donner brüllen Dich, Dich heulen rasche Winde.
Dich fühlt mein eignes Herz, so oft ich mich empfinde;

es rufts der junge Tag den jüngern Morgen zu,
ein Jahr dem andern nach: Wo ist ein Gott wie DU?

Ortsregister

A

B

C

H

I

J

K

L

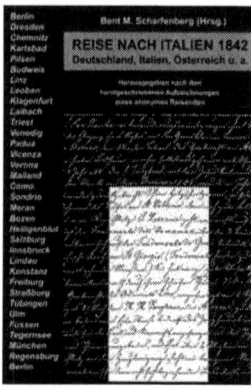

Bent M. Scharfenberg (Hrsg.)

REISE NACH ITALIEN 1842
Deutschland, Italien, Österreich u. a.

Herausgegeben nach den handgeschriebenen Aufzeichnungen eines anonymen Reisenden.

Dem Buch liegt ein handgeschriebenenes Reisetagebuch aus der Zeit vom 22.05.1842 bis zum 06.11.1842 zugrunde. Die Wanderung begann in Berlin und führte u. a. durch das heutige Deutschland, Tschechien, Kroatien, Italien und Österreich zurück nach Berlin.
Aufgezeichnet wurde die Reise von einem anonym gebliebenen Bäcker, der dem Manuskript den Vorzug verlieh, aus der Sicht des „einfachen Mannes" geschrieben zu sein. Zudem besticht es durch eine Ausführlichkeit in der Schilderung von Orten, Sehenswürdigkeiten und Erlebnissen, wie sie nur selten zu finden ist.

ISBN 3-8330-0722-2

Bernhardine Schencke / Bent M. Scharfenberg (Hrsg.)

AUS MECKLENBURGS VORZEIT
Sagen - Geschichten - Aberglauben

Herausgegeben nach den handgeschriebenen Aufzeichnungen Bernhardine Schenckes aus dem Jahre 1895.

Dem Buch liegt das Unikat eines handschriftlichen Notizbuches zugrunde: „Aus Mecklenburgs Vorzeit - gesammelt und aufgeschrieben für Kind und Kindeskind von der 84jährigen Urgroßmutter Bernhardine Schencke. 1895."
Wir erfahren von Räubern und Rittern, Feen und Hexen, von verborgenen Schätzen und von guten als auch bösen Geistern. Darüber hinaus begegnen uns Menschen mit ihren Sitten und Bräuchen aus vielen Orten der Region. Sie gewähren uns einen Einblick in ihr Leben und die Geschichte Mecklenburgs.

ISBN 3-8330-0724-9

Bent M. Scharfenberg

ALS WIR NOCH KEINE SCHATTEN HATTEN
Aus dem Tagebuch eines Ungeborenen

Bis mich das Licht der Welt erblickte, hatte ich noch gar keinen Schatten. Als kleiner Fisch schwamm ich in meiner Mutti und war guter Dinge. Munter pappte ich Zelle an Zelle, ohne auch nur zu ahnen, dass ich mal eins von euch großen Tieren werden sollte. Ich genoss meine Zeit. Immer, wenn sie weg war, war wieder welche da, sodass sie nie alle wurde. Glaubte ich ...

Als ich wieder aufwachte, war mir ganz so, als ob ich noch träumte. Und ich merkte, wie schön es ist, wenn sich Traum und Wirklichkeit berühren. Nicht immer gelingt es, dabei zu sein. Aber man kann ja davon träumen.

Und erzählen. Das will ich euch gern tun.

ISBN 3-8330-0721-4